SAL

ANTONIO FERNANDO DE FRANCESCHI

Sal

2ª edição

Copyright © 2017 by Antonio Fernando De Franceschi

Grafia atualizada segundo o Acordo Ortográfico da Língua Portuguesa de 1990, que entrou em vigor no Brasil em 2009.

Capa
Kiko Farkas/ Máquina Estúdio

Desenho da p. 2
Antonio Fernando De Franceschi

Preparação
Heloisa Jahn

Revisão
Angela das Neves
Marina Nogueira

Dados Internacionais de Catalogação na Publicação (CIP)
(Câmara Brasileira do Livro, SP, Brasil)

Franceschi, Antonio Fernando De
    Sal / Antonio Fernando De Franceschi. — 2ª ed. — São Paulo: Companhia das Letras, 2017.

ISBN 978-85-359-2991-1

1. Poesia brasileira I. Título.

17-07368   CDD-869.1

Índice para catálogo sistemático:
1. Poesia : Literatura brasileira 869.1

[2017]
Todos os direitos desta edição reservados à
EDITORA SCHWARCZ S.A.
Rua Bandeira Paulista, 702, cj. 32
04532-002 — São Paulo — SP
Telefone: (11) 3707-3500
www.companhiadasletras.com.br
www.blogdacompanhia.com.br
facebook.com/companhiadasletras
instagram.com/companhiadasletras
twitter.com/cialetras

Sumário

CADERNO DE RETRATOS
Simbad, 13
Grão, 17
Por um fio, 19
Além, 21
Exceeded clown, 23
Tangente, 25
Cape Horn, 27
Piloto, 29
O mono gramático, 31

POEMAS AO NATURAL
Pomar, 37
Eritrina, 39
Amora, 41
Locusta, 43
Medusa, 45
Caracol, 47
Camelo, 49
Tarântula, 51
Garça, 53
Sainte-Victoire, 59

CANÇÕES DE AMIGO
Contatos imediatos, 63

Do amor perdido, 65
La nouvelle Héloïse, 67
Amor fati, 69
Arlequina, 71
Trapézio, 73
Confiteor, 75

HAIKUS
Sal, 79
Águas, 81
Língua do p, 83
Tensão, 85
Batismal, 87
Memento, 89
Solipsismo, 91
Proposições indecidíveis, 93
    Continuum, 93
    Tempo, 95
    Ipsa aqua, 97
Persona, 99

PERFIS EM PEDRA
Sílex, 105
Dias de fevereiro, 107
Res extensa, 109
Perseu, 111

AFLORAÇÕES
Partida das águas, 115
Unhas, 117

1949, 119
Horror vacui, 121
Dízimo, 123
Ouro Preto, 125
Lavra, 127
Lingam, 129
Nigredo, 131
On the road, 133
Anima, 135
Intrépido, 137
Anfíbio, 139

FÓLIOS
Palavra, 143
Arqué, 145
Voo circunflexo, 147
Pneuma, 149
Egogramático, 151

PÍTICOS
Circo Máximo, 155
Azul, 157
Gárgulas, 159
Heliogábalo, 161
Amphion, 163

CADERNO DE RETRATOS

Eu não sei o que sou, eu não sou o que sei:
Uma coisa e não coisa, um ponto e um círculo.

Angelus Silesius

Simbad

pernas e rosto infante
sob o embalo das águas
me fiz ao mundo fluindo
meu peito nas corredeiras
na quebração meu destino

firme mantive o prumo
naquela aurora sem medo
na rota de meu enredo
em que me lancei menino
e sem rumo de chegada
sempre em frente naveguei

denso era o rio terroso
com trevas de lama embaixo
e nele me fui caindo
tripulante
passageiro
imerso pelos cabelos
numa entrega por inteiro

e tão breve foi o dia
pelas astúcias da vida
que me fiei sem receio
no imponderado percurso

era sul?
era norte?
era noite e eu não sabia

incerto me pus ao vento
na fímbria do sopro forte
nau vagando sem vela
nas latitudes da sorte
perdido me vi jogado
nos corredores da morte

e do leme desvalido
disperso pela corrente
ao leito duro desci
náufrago
renitente
disposto a voltar do fundo
com uma pérola entre os dentes

no longo mergulho dado
eu só pensava no mar
mas a jusante eu jazia
quebrado de corpo e alma
nas dobras da cachoeira

e a força que me rodava
ao léu sob o firmamento
dizia que a minha hora
não tinha adiamento
era aqui?

era agora?
era uma escura demora

e assim Simbad eu singrava
cortando em meio as marés
novos nortes eu queria
podia mais viajar
mas se embarcado eu me ia
a postos sobre o convés
a nave minha era pouca
para a grande travessia

e como chegado o momento
o fim sem baldeação
me sendo negado o porto
e amarras de escoramento
cedi ao azar previsto
de só saber navegar:
é sina que morra n'água
quem não aprendeu a nadar

Grão

no dilúvio fui pó
ou ressecada areia
fui avesso nas águas
          imerso
fui resistindo sem rima
          no verso
eu unitário grão
desta pedra no impluvium
          me fluo
e sôbolos rios
          eu contrário
me lanço ao mundo

Por um fio

na linha que percorro indesvendado não me fio
se me perco tordesilhas do outro lado de mim
tampouco me socorre o que é vedado

sem nome esta fome é o degredo
em que me fendo como fruta cindida
a que se come jamais mais que um pedaço

sou antecipado cansaço no espelho invertido
mas mergulho partido e me estilhaço
no brilho afinal reencontrado

Além

tento:
em vão divido
determino
o que de mim
se parte
sopesado
no além sobejo
que me sobra
e circunda
inapreendido
o espaço à volta:

conciso
como pedra
sou um ponto
o mar infindo
gotejando

Exceeded clown

outono não restará nem seco vinho sem jaça
nada augurável no fio da navalha nada em sangue
nada em taça não restará temor nem rima pobre
estações odores nada de horror amores
nem restará praça espanto ou algo que me cale
espelho rito memória nada vão nada em vão como tudo
restará na tangência dos dias que me traço
e de virem já os faço e perco em culpa lasso
e o riso a fala o reclamado sonho me põem assim
consumado clown pelo que escasso me resta de mim

Tangente

agrego incerto território
de mim terra aportável
estuário

invisto vontades
rio adentro
sob a parede das veias

um ponto um círculo:
eu coadjutor tangente
me descubro e perco
neste continente

Cape Horn

nau suposta
em ritmo o passadiço
assumo

        (imenso abismo à quilha)

na sextante o nó
indevasso
— desdobro o cabo
e as tormentas

Piloto

viés
não me restauro
o centro
o justo andar
me prego
sempre
invés

O mono gramático

Year after year
On the monkey's face
A monkey's mask
                Matsuo Bashô

gênero e grau na trama
        não mais
sequer os antes
        valorosos sentimentos
como escusa mão nos sentieri
        milagres e textos finais
não mais abscôndita causa
        em dúbio efeito
agora milito a real circunstância
        e o Mal
deste alto sobre o rio
        a leste do Jaraguá
me sento à mesa
        disposto a aplicar
o corte fundo na garganta
        que a voz se quer assim
livre
        para servir quem canta

POEMAS AO NATURAL

e chi poria pensare — oltra natura?

Guido Cavalcanti

Pomar

no augido tempo
frutas
as estações renovam

e casca e polpa
as fazem
bem nascidas

e alma e sumo
na umidade
assomam

e já carnosas
rudes
se maturam

e eu as pinto
rubras
como rosas

Eritrina

estua agostos
sói
irrestrita
a eritrina
que silva sóis
no verde inteira
e verbera
em primavera
a prisca hera
e flor primeira

Amora

olho do dia a pino
na lenta celebração:
gomos da fruta gestada
pálida cor que se tinge
da mais crestada vinha:
colhe-te já rumorosa
na oclusa manhã que sazonas
rubra e madura
— amora
a festa do pomar

Locusta

serrifolha
a locusta
em deglutição
da verde envida
renda é que fica
roído nervo

                medo

dormente
a seiva cede
e sacia:
trevas
pragas
aparições

Medusa

no fundo cavo
      repousa
      in vitro
      a medusa

no rés do poço
      ousa
      clama
      restar-se
      inflada
      qual flama

Caracol

sobre a constância dos liquens
viscosa linha

traço:

fiar o norte e a casa
sem temor do labirinto

Camelo

> […] *aqueles que praticam essa ausência de modo,*
> *luz divina, veem em Deus um deserto.*
>
> Ruysbroeck, o Admirável

no perfil incerto
a digital serpente

volutas anulares
no meandro dorso

de cauda à ponta
um falhado escorço:

em sal
em sede
— síntese

ser imodal
imoderado:

só tua voz
pelo Deserto

Tarântula

> [...] *cama de campo y campo de batalla* [...]
> Góngora

sensória teia te rastreia falena
se irrompes distraída pela rama
na fria arquitetura de tua cama

te dobro em ângulo a insustida antena
pois que te sou clausura e não saída
postada porta à fuga interrompida

te habito urdido por um fio helena
tão parca e pouca quando o medo clama
um nada quase para aplacar a trama

e mais entanto te endureço a pena
se cedo afinal à usura desmedida:
quebrar tuas asas sem tirar-te a vida

Garça

1.

de relance
mero
surpresa
é te colher
em voo:

o já fugaz
— ponto:

em riste
no horizonte

2.

a penas
te desenho
em derrisão:

asas taorminas
securas
branco arco sob o céu

3.

pelo estuo das águas
astúcia:

flaminga?
flamínia?

no claro em pluma
alvejo sem rasura
a branca garça
em sua alvura

Sainte-Victoire

> […] *une harmonie parallèle à la nature*
> Cézanne

no meio o prisma
e a renovada figura

no fundo
o centro do mundo:

cones
ciclones

cantos de arestas
pelos cubos

trinas florestas
como lagos

cimos

— gestas
da rude natura

CANÇÕES DE AMIGO

Contatos imediatos

ancas palustres os afluentes exploro
flanqueio repentino descalço na andadura
coxas além e no mergulho a nua varredura
volutas que recolho solene e solo
arco voltaico e arcaica estrutura
sustida carne fremente e dura
volumes en hommage e na planura
a rematada certeza de teu colo

Do amor perdido

redondilha

abranda sem porfia
descuidado
o lasso amor
no desaviso

e se desanda
estremece
porque é louco
o parco amor
e reconhece

pouco se fia
desatento
de tal sorte
o amor soluto
em desalento

que crer não dera
antes houvesse
perdido amor
se tão perdido
o amor era

La nouvelle Héloïse

ominoso
pleito
te lanço:

as ancas
te galgar
escarpas

em cardos
te tanger
espinhos

teu sangue
me verter
caminhos

Amor fati

tão desmedido amar
irremissivelmente
amar inteiro e sem reparo
do havido amor amar o conhecido
e o mundo aberto do novo
amar preclaro o amor sobejo
e sem remorso amar o amor raro
do fundo amor amar o leve
amar imenso o amor que é breve
e repetido e sempre amar
irrecusavelmente
o amor que foi e a dor jacente
o amor suave e o ardido
o amor reto e o invertido
amar perverso o denso
e o amor que é pura luz amar
intensamente
amar o amor que é água e se transmuta
amar o vinho e a cicuta
amar irresistido o amor ausente
e mesmo o fel que é amor
mas fere e mente
amar há que contudo
amargamente

Arlequina

te cubro
déguisé
insubmissa
refração

em meandros
te finjo
e perco
de repente

Trapézio

em precário equilíbrio
me sustenho
no equinócio

solto como você pediu
minha senha:
arfar de asas

Confiteor

sob a moldura
te olho
exúbere
extremo:
eu não dependo de ti

um nada fica embora
ambíguo
umbilical
me ligando
a tua sanha

sei:
tensas
pretextas farpas
crispadas na dor
sorella
no centro mesmo do amor

e sem surpresa
pretérito nos sumos
contemplo o mal ab origine
na tentação:
eu me defendo de ti

HAIKUS

Sal

se o ralo verso
tem halo
é um universo

Águas

se agitam logo
não me saciam
me afogo

Língua do p

pedra
pólen
poeira:

é pura perda polir
se não pulsa a poesia

Tensão

linha
e ponto
suspender
no limite

e as palavras
nas canções

Batismal

numinosa fonte
lúmen
seu sol me ressoa

Memento

hora sem véu
aberta:
céu dos cinco sentidos

Solipsismo

alterno me quero igual
me despedaça não ser plural

Proposições indecidíveis

1. CONTINUUM

sem saída nem chegada
a eterna linha é nada?

2. TEMPO

único de si atributo
se mede o tempo em duração

mas dura o tempo uma canção?

3. IPSA AQUA

ao sul do ubíquo rio
conflui o norte por um fio?

Persona

nada toldar-te
a Face

    (sequer lívida máscara)

se te despedes

PERFIS EM PEDRA

Infindamente
ouço a pedra estar em ti

Paul Celan

Sílex

face angular
que cavo a talho
esta em que me mudo
reiterado
cópia provável de mim
no mudo rosto
e abrasado golpe
que desfecho:

minha antes não fosse
a dor
e a mão crispada
que desce
fere
e me desvela pedra

Dias de fevereiro

cai sobre ti sem aviso
a surda mão que te fere

pondo-te à tona na face
irrompida flor sanguínea

incauto esta mão desconheces
tampouco a vês na descida

no rude golpe infligido
com que te aplica a ferida:

tua contudo é a mão
que dura te marca a vida

Res extensa

em rude instância sou só:

perfil intransparente
sob a moldura da mó

pedra que mói ardente
e dura me tritura feito pó

Perseu

ao horror destes olhos
não te retardes Perseu

que é culpa inexpiada
o que te torna pedra

sem veias pelos vãos
onde teu sangue medra

pois vendo a imagem tua
na face que te acusa

em vão tu matarás
se matares Medusa

AFLORAÇÕES

Partida das águas

flui curvo nos vãos
o desgarrado curso
rio fendido
afluente
que te partirás depois
tu também
partidas águas além
fervida espuma
em renovada nascente

Unhas

quão deve a vida clara
tênues limites
ao pouco que medeia
o espesso fundo?

    (exato e tenso
    salto
    e num instante
    — o mais além)

se logo indomada
a paixão arde
como hera urdida
unhando nos porões?

1949

limite orbital
tangente
espreito sem olhos

    aqui começa o deserto:

perfil luminoso
da tamareira
sombras
e as estrelas do quintal

Horror vacui

neste quarto de horror
se me restasse ao menos
cognoscível
a partícula redempta
um grão que fosse
e me fosse insubmerso:
âncora na noite

Dízimo

neste Oriente
      não
nem entre corpos
      fome
ilha acaso
      engano
nada que se faça
      em vão

Ouro Preto

Minas e mais
um ponto a termo
em meio

são lascas
e me afloro
terminal

minas
que revolvo
em chamas
afinal

Lavra

tempo incessado
o desvio há de
sempre
conter a coisa nova

perdido sinal
fissura:

verte de ti
nas pedras
a ambiciosa lavra

Lingam

lúrido mito:
afloram cantos
entre os louros

    em ti
    a dois passos de ti

no cone dos antúrios
te protuberas
túmido
em rito:
ferida

Nigredo

ex orbita
transita
o olho negro
deste medo
que me habita

On the road

corta o caminho
o augúrio dos verdes:

    musgos
    nimbos
    infinitos

e um cinza longe
impressentido

Anima

    trânsfuga
    distante
    transgrido
    pontos
    cardeais

não a ordem
ou palavras dela
nem o estrito presente

    nada me morde real
    mais fundamente
    que a clara sincronia
    que me move

Intrépido

de novo o ardor
como açoite
ao coro dessas luzes
me deixo navegar
no limite das águas
me acendo
transcendo
despido da noite
e de mais pudores
— eu
o pastor da manhã

Anfíbio

implacável
como uma flor na água
me afogo

em voragem me consumo
neste fogo

flamas
escamas

    (vertigem sobre a terra)

Reuniões

FÓLIOS

Palavra

> — *branco sobre*
> *o branco*
> Orides Fontela

mesmo
o branco absoluto
intransparece
se escrevo:
          branco
sobre a página

consumada
a palavra rompe
a virtual nudez

e turva
macula
para dar-se à luz

pois sendo luz
é também
perda
ruína
derrelição

Arqué

fundar sem fala
a augural sentença

vago sentido
ancestral à linha tensa

com que mergulho abissal
em selva densa

Voo circunflexo

A Rubens Rodrigues Torres Filho

eterno retorno
o poema

    flecha
    reflexa fonte

arco que dispara
seu destino

Pneuma

não me desertes
               palavra
neste branco
em que te teço pálio
e cotidiano verso ad honores
               sal incorpóreo
               sopro
que nomear é assombro
roçar delicado
susto e faro
               no âmago
como pegadas no chão

Egogramático

conjugo-me em vária rima
sobre o palco de papel:
pelos cantos da página
me armo em oração
na crença do verso raro
de calculada sentença
e mesmo que o tome claro
cedido por aluguel
inverso me faço a fala
e aliterado o reverso
pois cala e consente a sina
que a outro me subordina
Poeta:
sujeito sem predicado

PÍTICOS

Circo Máximo

leões incontidos
tangenciam os varais

sou a carne exposta
no festim impuro

promessas de meu ventre
em seus dentes duros

no sangue imolado
de rompidas veias

me parto hóstia fendida
me derramo na areia

eu matéria consentida
dessa rude ceia

Azul

fundo em épura
sob as figuras
do cântaro

em ti se esbatem
ardores e Perseu

dúvidas insolutas
no teorema das cores

Gárgulas

inquietam-se as gárgulas
com os signos dos vitrais

e com o gume dos brilhos
que como agulhas ferem cristais

e com a falta de ramas
para que pousem como em varais

no longo e migrado voo
ao cume das catedrais

Heliogábalo

tão síria
flor
arcaica

nada te sustém
possível
oh cirenaica

entre as cores
da manhã:

vésperas não te valem
nem unguentos de Soêmia
sequer o inteiro Ocidente
é luz

ante teu ardor

Amphion

> *Amphion potuit puellas nasci*
> Marcial

e eras portanto anfíbio

em duplo ser
partido

mais o terias sido
se puderas

delicadamente